AM A

T U

V I D A

Copyright 2021 - Todos los derechos reservados.
No se puede reproducir, duplicar o enviar el contenido de este
libro sin el permiso directo y por escrito del autor. Usted
no puede, bajo ninguna circunstancia, culpar al editor o
responsabilizarlo legalmente de cualquier reparación,
indemnizaciones o pérdidas monetarias debidas a la información
incluida en el mismo, ya sea de forma directa o indirecta.

Aviso legal: Este libro está protegido por derechos de autor. Puede utilizar el
libro para fines personales. No debe vender, utilizar, alterar
distribuir, citar, tomar extractos o parafrasear en parte o en su totalidad
el material contenido en este libro sin obtener el
permiso del autor.

Aviso de exención de responsabilidad: Debe tener en cuenta que la información contenida en este
documento es sólo para fines de lectura casual y entretenimiento.
Hemos hecho todo lo posible para proporcionar información precisa, actualizada y
información fiable. No expresamos ni implicamos garantías de
ningún tipo. Las personas que leen admiten que quien escribe no está
ocupado en dar consejos legales, financieros, médicos o de otro tipo. Ponemos
el contenido de este libro por medio de varias fuentes.
Por favor, consulte a un profesional autorizado antes de intentar cualquier
técnicas mostradas en este libro. Al revisar este documento
el amante del libro llega a un acuerdo que bajo ninguna situación es
el autor es responsable de cualquier pérdida, directa o indirecta, que
que pueda sufrir por el uso del material contenido en este
documento, incluyendo, pero no limitado a, -errores, omisiones o
inexactitudes.

CRISTIE JAMESLAKE

MIS CONFESIONES DIARIAS

MIS CONFESIONES DIARIAS

"Nada puede atenuar la luz que brilla desde dentro"

MIS CONFESIONES DIARIAS

MIS CONFESIONES DIARIAS

"Si tienes buenos pensamientos, brillarán en tu cara como rayos de sol y siempre estarás preciosa".

MIS CONFESIONES DIARIAS

MIS CONFESIONES DIARIAS

"¿Soy lo suficientemente bueno?
Sí, lo soy"

MIS CONFESIONES DIARIAS

MIS CONFESIONES DIARIAS

"Lo que eres por dentro es lo que te ayuda a lograr y hacer todo en la vida".

MIS CONFESIONES DIARIAS

MIS CONFESIONES DIARIAS

"Adiós a las decisiones que no apoyan el autocuidado, el autovalor y la autoestima".

MIS CONFESIONES DIARIAS

MIS CONFESIONES DIARIAS

"Te doy permiso para que te animes a ti mismo y, de paso, animes también a los que te rodean".

MIS CONFESIONES DIARIAS

MIS CONFESIONES DIARIAS

"No necesitamos magia para transformar nuestro mundo. Ya llevamos todo el poder que necesitamos dentro de nosotros".

MIS CONFESIONES DIARIAS

MIS CONFESIONES DIARIAS

"Nunca me he centrado en lo negativo de las cosas. Siempre me fijo en lo positivo."

MIS CONFESIONES DIARIAS

MIS CONFESIONES DIARIAS

"Debemos aceptar la decepción finita, pero nunca perder la esperanza infinita".

MIS CONFESIONES DIARIAS

MIS CONFESIONES DIARIAS

"Soy deliberado y no tengo miedo de nada".

MIS CONFESIONES DIARIAS

MIS CONFESIONES DIARIAS

"Tu perspectiva es única. Es importante y cuenta".

MIS CONFESIONES DIARIAS

MIS CONFESIONES DIARIAS

"Tu vida ya es un milagro del azar que espera que tú le des forma a su destino".

MIS CONFESIONES DIARIAS

MIS CONFESIONES DIARIAS

"Si realmente piensas en pequeño, tu mundo será pequeño. Si piensas en grande, tu mundo será grande".

MIS CONFESIONES DIARIAS

MIS CONFESIONES DIARIAS

"Abraza el glorioso desastre que eres".

MIS CONFESIONES DIARIAS

MIS CONFESIONES DIARIAS

"La gratitud es una celebración a la que todos estamos invitados".

MIS CONFESIONES DIARIAS

MIS CONFESIONES DIARIAS

"La verdad última de lo que eres no es "yo soy esto" o "yo soy aquello", sino "yo soy".

MIS CONFESIONES DIARIAS

MIS CONFESIONES DIARIAS

"Debemos estar dispuestos a dejar ir la vida que planeamos para tener la vida que nos espera".

MIS CONFESIONES DIARIAS

MIS CONFESIONES DIARIAS

"Tu vida está a punto de ser increíble".

MIS CONFESIONES DIARIAS

MIS CONFESIONES DIARIAS

"Estoy mejor que antes. Mejor de lo que era ayer. Pero espero no ser tan bueno como lo seré mañana".

MIS CONFESIONES DIARIAS

¡Ponte tú primero!

"Nada es imposible. La propia palabra dice 'soy posible'".

www.ingramcontent.com/pod-product-compliance
Lightning Source LLC
LaVergne TN
LVHW050132080526
838202LV00061B/6477